SONIA ROSA

Meu nome é
RAQUEL TRINDADE,
mas pode me chamar de Rainha Kambinda

Ilustrações
BÁRBARA QUINTINO

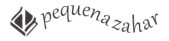

Copyright do texto © 2023 by Sonia Rosa
Copyright das ilustrações © 2023 by Bárbara Quintino

*Grafia atualizada segundo o Acordo Ortográfico da Língua
Portuguesa de 1990, que entrou em vigor no Brasil em 2009.*

Revisão
BONIE SANTOS
FERNANDA FRANÇA

Tratamento de imagem
AMÉRICO FREIRIA

Dados Internacionais de Catalogação na Publicação (CIP)
(Câmara Brasileira do Livro, SP, Brasil)

Rosa, Sonia
    Meu nome é Raquel Trindade, mas pode
me chamar de Rainha Kambinda / Sonia Rosa;
ilustrações Bárbara Quintino. — 1ª ed. — Rio
de Janeiro : Editora Pequena Zahar, 2023.

    ISBN 978-65-88899-58-8

    1. Biografia — Literatura infantojuvenil
2. Cultura negra I. Quintino, Bárbara. II. Título.

23-142992   CDD-028.5

Índices para catálogo sistemático:
1. Biografia: Literatura infantil   028.5
1. Biografia: Literatura infantojuvenil   028.5

Henrique Ribeiro Soares — Bibliotecário — CRB-8/9314

Todos os direitos desta edição reservados à
EDITORA PEQUENA ZAHAR
Praça Floriano, 19, sala 3001 — Cinelândia
20031-050 — Rio de Janeiro — RJ — Brasil
☎ (21) 3993-7510
☑ companhiadasletras.com.br/pequenazahar
🇫 /pequenazahar
🔘 @pequenazahar
▶ /CanalLetrinhaZ

Dedico este livro à querida artista plural e heroína negra Raquel Trindade, pela sua admirável força ancestral e sua contribuição incansável na luta pela representatividade negra em todos os setores da sociedade brasileira.

— S. R.

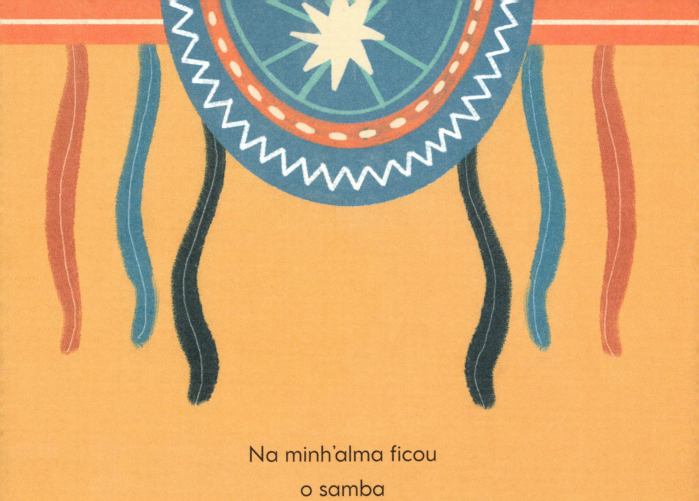

Na minh'alma ficou
o samba
o batuque
o bamboleio
e o desejo de libertação.

SOLANO TRINDADE

Sou Raquel Trindade. Filha, mãe, avó, mulher negra, sou!
A arte me abraçou tão forte que me tornei uma ativista da pluralidade artística.
Vivo a beleza da diversidade no teatro, na avenida e na universidade.
Gosto de pessoas de todas as cores, de variadas línguas com seus falares bonitos.
Sou do candomblé, minha força e minha fé!

Vamos lá, gente querida, venham se achegando devagar.
Fiquem à vontade! Já escutam o batuque?
Hein?
Tum tum tum tum.
Tá tá tá tá.
Hum?

Conhecem? Já ouviram antes?
Ele vem de um tempo bem distante, de um tempo anterior ao ontem.
Longe, longe, longe...
Respirem e sintam o ritmo da batida do seu coração.
Agora sim, estamos em harmonia!

Escutem o som do pandeiro, do tambor e do tamborim. Dos berimbaus, agogôs e caxixis. Batam as palmas das mãos cadenciadamente. Batam os pés no chão, se quiserem. Oh, alegria! Agora chegou a hora, e a história já pode começar!

Esta história é como música para dançar.
Como cantiga de ninar e poesia para recitar.
Como um rap, um baião ou um samba-canção.
Tem resistência, saudade, identidade.
Tem resiliência, sonhos, prosperidade.
Tem protagonismo negro, força e representatividade.

Digo NÃO ao racismo. Digo SIM à arte e à educação.
Palavra, força, ação. A oralidade é nossa tradição!
Palavra quando dita ganha força de ser ouvida.
A voz do povo é a voz de Deus.

Aqui tem o ritmo que você desejar.
Jongo, bumba meu boi, maculelê e maracatu.
Capoeira, calango, samba de roda, lundu.
Também vale cirandar...
Todos juntos de mãos dadas, gentes de todas as idades, brincando e cantando feito crianças.
Vamos viajar nesta união de passos, de mãos e respiração.

ESSA CIRANDA QUEM ME DEU FOI LIA,
QUE MORA NA ILHA DE ITAMARACÁ...

A cultura negra me embalou desde criança. Passo a passo, fui trilhando o meu caminho. Sempre em defesa das mulheres, e da mulher negra em especial.

Minha arte é fruto da insubordinação.
Sou coreógrafa, bailarina, artista plástica, figurinista, folclorista, escritora, gestora cultural e professora.
Corpo em movimento, movimento que gera e movimento que gira.
Os braços balançam no ar para renovar as energias.
A cada rodada, novos compassos criados.
Em cada ginga, novas maneiras de olhar o mundo.

Envolvida pelo som do batuque, fui tecendo minha vida por onde passei.
Nasci no Recife, em 1936, e morei em Duque de Caxias, onde meus pais me registraram, tendo como testemunha Abdias Nascimento.
Mas foi em Embu das Artes que escolhi morar para sempre.
Esta terra paulistana respira e pulsa arte por todos os cantos.
Recebe artistas de todo o mundo. Tem feira de artesanato o ano inteiro.
O teatro popular é da minha família.
Participo das danças nas ruas e dos cortejos.
Assisto maravilhada aos slams, nas batalhas de poesia. A arte explode.
E no Embu ela brilha vinte e quatro horas por dia.

Já disseram por aí que minha voz tem a lentidão musicalizada da voz africana.
Uma maneira ancestral de se comunicar quase cantando...
Canto que embala e desperta, provoca luta e anima a labuta.
Pois digo que tenho dentro da minha cabeça contos africanos e cantigas de roda que não lembro onde aprendi.
São memórias muito antigas que foram repassadas para mim talvez antes de eu nascer.
Nas travessias ou nos atravessamentos de uma outra lógica do tempo, cantigas cheias de sabedoria e ensinamentos.
Sororidade, sonoridade, solidariedade.
Mas nunca só. Sempre no coletivo de gente!

Ah, o meu povo preto!
Esse eu abraço com fervor, em gestos, palavras e ações.
Tenho nisso muita satisfação.

A arte é minha bandeira, minha arma, minha solução.
Para as mulheres vai o meu recado de coração:
Nunca se subalternizem!
Para os irmãos negros, outro recado:
Nunca duvidem do seu valor!

A arte me enfeitiçou para sempre.
Desde pequena já sentia a minha predestinação.
O afeto pelas gentes de cor assim como eu foi a minha primeira lição.
Por todos esses irmãos tenho respeito especial e amor incondicional.
Nasci no colo da cultura negra. Fui ninada por acalanto, afoxé e maculelê.
E os meus primeiros passos foram firmados no ponto do jongo.
Tive grandes mestres!
A poesia, a política e a pintura vieram do meu pai, Solano Trindade.
A dança, a fé e a cultura popular negra vieram da minha mãe, Maria Margarida Trindade.
Por tudo isso acabei me tornando uma artista devota da arte popular negra.
Aquela cultura, essência que brota do povo com toda a sua belezura, com todo o seu esplendor.

Recebi esse legado precioso para cuidar com amor e dedicação por toda a minha vida.
A arte como forma de existência, revolução, sobrevivência.
Assumi para mim mesma o compromisso de nunca parar de repassar tudo o que aprendi.
Tive meus três filhos, meus três grandes tesouros.
Meus netos chegaram como as bênçãos mais lindas que já recebi.

Provocada pela batida frenética do maracatu e embalada na roda da saia, que por vezes me faz flutuar, visito minhas memórias mais profundas do além-mar.
Sou a Rainha Kambinda, aquela que é sempre bem-vinda.
Esse título de realeza quem me revelou foi o tambor.
Toda gente sabe que o toque do tambor conta segredos...

MEU MARACATU É DA COROA IMPERIAL.
É DE PERNAMBUCO, ELE É DA CASA REAL...

Minha arte tem raiz, tem fundamento e sentimento,
   por isso tenho tanto prazer no que faço.
Faço arte afro-brasileira, com muito orgulho!
Não faço arte *naif* porque não sou artista ingênua.
Pinto com destreza, com poesia, com energia
   e sabedoria.
E com toda a força do meu povo negro, que mora em
   mim e que é cheio de inteligência e sensibilidade.

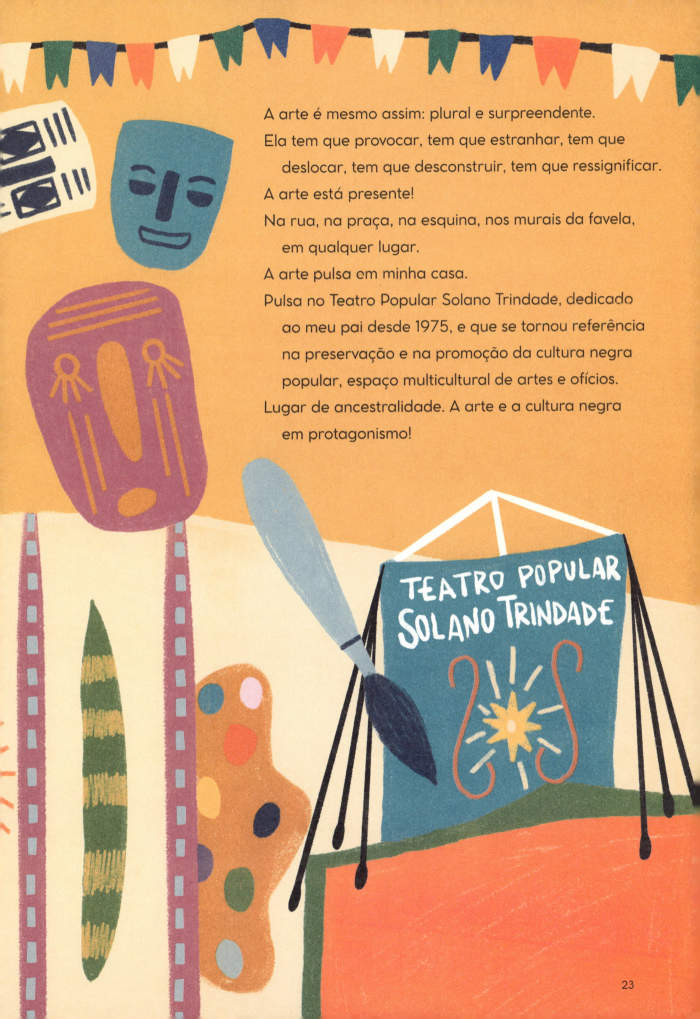

A arte é mesmo assim: plural e surpreendente.
Ela tem que provocar, tem que estranhar, tem que deslocar, tem que desconstruir, tem que ressignificar.
A arte está presente!
Na rua, na praça, na esquina, nos murais da favela, em qualquer lugar.
A arte pulsa em minha casa.
Pulsa no Teatro Popular Solano Trindade, dedicado ao meu pai desde 1975, e que se tornou referência na preservação e na promoção da cultura negra popular, espaço multicultural de artes e ofícios.
Lugar de ancestralidade. A arte e a cultura negra em protagonismo!

Esse é o meu legado para os que chegaram depois de mim e continuam chegando.

Fugir do caos, ligar-se à arte. Viver todo dia a arte tem sido a marca da minha família Trindade.

E tudo isso precisa ser repassado sempre para a frente, mesmo depois do meu encantamento.

Afinal, esse é o tesouro que deixo, porque nasci em berço de ouro.

Tive riqueza diferente, a arte como herança familiar.

Aquela que ninguém tira da gente!

Tudo isso me tornou uma mulher feliz e realizada.

Assim foram os meus dias...

Vivi a arte com alegria pulsante e plenitude.

Vivi com corpo e alma.

Viva a arte! Sempre viva a arte!

A arte eterniza a gente.

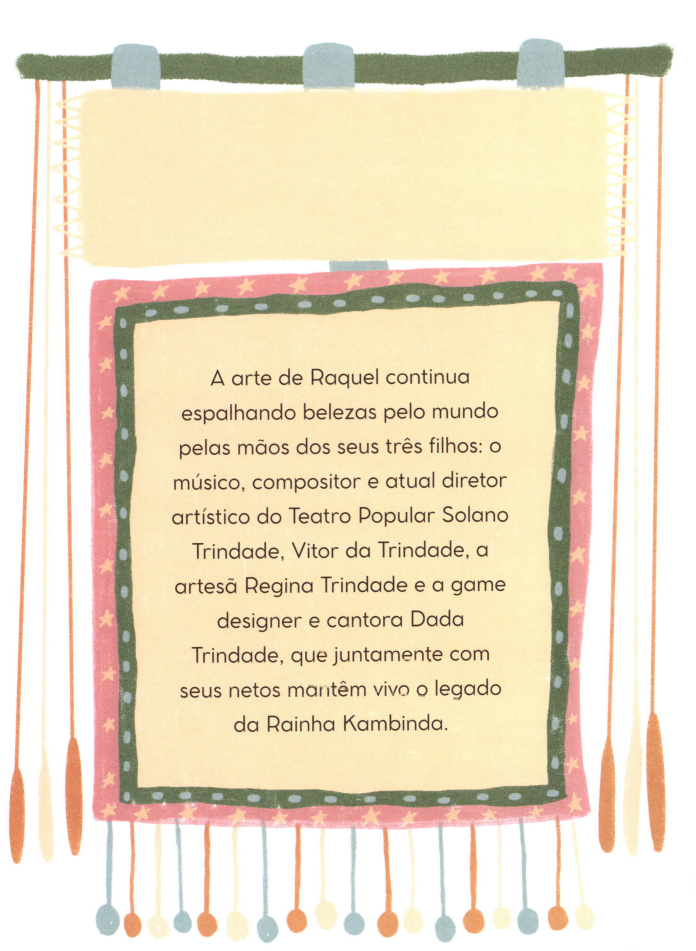

A arte de Raquel continua espalhando belezas pelo mundo pelas mãos dos seus três filhos: o músico, compositor e atual diretor artístico do Teatro Popular Solano Trindade, Vitor da Trindade, a artesã Regina Trindade e a game designer e cantora Dada Trindade, que juntamente com seus netos mantêm vivo o legado da Rainha Kambinda.

SOBRE A AUTORA

SONIA ROSA é carioca, escritora, mestre em relações étnico--raciais pelo Cefet/RJ, pedagoga, professora, contadora de histórias e consultora de letramento racial em escolas da rede privada do Rio de Janeiro. Com quase três décadas de carreira, tem mais de cinquenta títulos publicados. Muitos dos seus livros receberam o selo "Altamente Recomendável" da FNLIJ (Fundação Nacional do Livro Infantil e Juvenil). Tem doze bibliotecas escolares batizadas com seu nome e, atualmente, dedica-se especialmente à literatura negro-afetiva para crianças e jovens, conceito criado pela autora para nomear sua produção literária, que, segundo ela, consiste em histórias nas quais os leitores brasileiros vão encontrar muito amor e muita representatividade negra em protagonismo. Além de ter presença garantida em várias escolas e bibliotecas da rede pública, através do PNLD (Programa Nacional do Livro Didático), tem livros publicados na França e em países africanos de língua francesa, na Itália, na Galícia, no México, no Canadá e nos Estados Unidos.

SOBRE A ILUSTRADORA

BÁRBARA QUINTINO é ilustradora e batuqueira. Mora em uma cidade pequenininha do interior de Minas Gerais chamada São João del-Rei. É fascinada pelo universo das cores e das texturas desde bem pequena. Acompanhada por seu padrasto, tinha lápis de cor, papel e giz de cera espalhados pela casa inteira. Sua mãe que o diga! Encontrou-se na ilustração por um caminho tortuoso. Começou estudando história e depois foi cursar arquitetura e urbanismo na UFSJ (Universidade Federal de São João del-Rei). Quando reparou bem direitinho, viu que o que a convocava nessas duas áreas eram as histórias, os cenários e, lógico, o desenho das coisas. Desde então, ilustrou revistas, livros infantis, juvenis e didáticos, animações e plataformas digitais espalhadas pelo mundo. Faz questão de destacar que toda essa jornada foi possibilitada por escolas e políticas públicas e que essa trajetória — ainda em construção — só foi possível por meio de investimento público!

 A marca FSC® é a garantia de que a madeira utilizada na fabricação do papel deste livro provém de florestas que foram gerenciadas de maneira ambientalmente correta, socialmente justa e economicamente viável, além de outras fontes de origem controlada.

Esta obra foi composta em Cocomat Pro e impressa pela Gráfica Bartira em ofsete sobre papel Alta Alvura da Suzano S.A. para a Editora Schwarcz em março de 2023